I0208747

www.ingramcontent.com/pod-product-compliance
Lightning Source LLC
Chambersburg PA
CBHW061954070426
42450CB00011BA/3033
* 9 7 8 1 6 8 0 3 7 8 3 2 0 *

108 אימרות של
אָמַה על אהבה

108 אימרות של אָמַה על אהבה

הוצאה לאור:
Mata Amritanandamayi Center
P.O. Box 613, San Ramon
CA 94583, United States

----------*108 Quotes on Love (Hebrew)* -------

Copyright 2020 © Mata Amritanandamayi Center
P.O. Box 613, San Ramon
CA 94583, United States

כל הזכויות שמורות. אין לאחסן במאגרי מידע, לשדר, להעתיק, לשכתב או לתרגם לכל שפה, בכל דרך, בכל צורה, כל חלק שהוא מהחומר שבספר זה, ללא הסכם כתוב מראש, ברשות מפורשת מההוצאה לאור.

בהודו:
www.amritapuri.org
inform@amritapuri.org

בישראל:
www.amma.org.il
info@amma.org.il

1

אהבה היא המהות האמיתית שלנו, לאהבה אין מגבלות של מעמד חברתי, דת או לאום, כולנו חרוזים השזורים יחדיו באותו חוט של אהבה. לעורר אחדות זו ולהפיץ את האהבה שהיא שורש טבענו זו המטרה האמיתית של החיים האלה.

2

האם אני באמת מאוהב או שאני קשור מידי? התבונן בשאלה זו עמוק ככל שתוכל. מרבית האנשים משתוקקים להיקשרות, לא לאהבה אמיתית. בדרך מסויימת, אנו בוגדים בעצמנו. אנו טועים בין היקשרות לאהבה. אהבה היא המרכז והיקשרות היא ההיקף. כוון למרכז.

3

היופי שוכן בלב. אהבה כלפי כולם מעניקה יופי אמיתי, מעשירה את הנותן ואת המקבל כאחד. היופי שבעינינו אינו באַיילַיְינֶר אלא במבט מלא חמלה. חיוך המאיר פנים השופעות באהבה הוא היפה ביותר בכל העולם.

4

רובנו נוטים לחשוב תמיד על מה שאיבדנו בחיים אנו שוכחים מהרווח האדיר ביותר שאנו יכולים לקבל - האהבה. תן לתודעה שלך להיפתח במלואה, ותחווה אהבה בכל יופייה וניחוחה.

5

אהבה היא היסוד של חיים מאושרים, אך במודע או שלא במודע אנו שוכחים אמת זו. כאשר איננו מבטאים אהבה במילותינו ובמעשינו הדבר דומה לדבש הכלוא בסלע - אין בו שימוש לאף אחד. כאשר משפחות יוכלו לבטא אהבה אחד כלפי השני, שלום והרמוניה ישכנו בבית ובחברה.

6

כאשר אתה רואה אחרים כפי שאתה רואה את עצמך, אינדיבידואליות אינה קיימת. חמלה היא השפה שהעיוור יכול לראות והחירש יכול לשמוע. הושטת יד לנשמה עזובה, האכלת הרעב, הענקת מבט חומל לעצוב ולמדוכא - זוהי שפת האהבה.

7

אם נקדיש את ליבנו ונפשנו בכל פעולה, היא תהפוך למקור עצום של השראה. בתוצר פעולה שנעשתה באהבה תהיה נוכחות ניכרת של אור וחיים. מציאות זו של אהבה תמלא את המיינד של האנשים בהתפעלות אדירה.

8

הלב נמצא מאחורי כל המאורעות האדירים והבלתי נשכחים. אהבה וחוסר אנוכיות שוכנים בבסיס כל המעשים הגדולים באמת. מאחורי כל מטרה טובה, תמצא מישהו שויתר על הכל והקדיש את כל חייו או חייה למענה.

9

כשנבין שכל אהבה - אם מהבעל, מהאישה, מילד, מחיה המגדלת את צאצאיה, או מצמח- מקורה בכוח האחד והיחיד האלוהי, אז אהבתנו תחל להקרין אור וקרירות כמו אור הירח. טיפוח הבנה זו יביא הרמוניה לחיינו.

10

מצא את ההרמוניה הפנימית שבך, השיר היפיפה הזה של חיים ואהבה. הושט עזרה ושרת את הסובלים. למד לשים אחרים לפני עצמך. אך בשם שירות האחר, אל תתאהב באגו של עצמך. היה המאסטר של המיינד והאגו שלך. התחשב בכולם, מאחר שכל אחד מהם הוא פתח לעצמי שלך.

11

עבודה יכולה להיות מתישה ולשאוב את האנרגיה שלנו, ואילו האהבה לעולם אינה משעממת או מעייפת. האהבה ממלאת את ליבנו באנרגיה רבה יותר ויותר. היא גורמת לכל דבר להיות מחדש ומרענן. כשקיומנו מושרש באהבה טהורה, כיצד נוכל להיות אי פעם משועממים? שעמום נובע אך ורק מהיעדר אהבה. אהבה ממלאת את החיים בחידוש תמידי.

12

אם יש אהבת אמת, דבר נוסף אינו נחוץ. היא בעצמה תוביל להתמזגות מלאה. כאשר אנו מפתחים אהבה והתכווננות כלפי המטרה, נוכל לסלוח ולשכוח באופן אוטומטי. נוכל להטמיע גישה של הקרבה.

13

ככל שאתה מסור יותר, תהיה פתוח יותר. ככל שתישאר פתוח יותר, כך תחווה אהבה רבה יותר. ככל שתתן יותר אהבה, כך תקבל חסד רב יותר. חסד זה הוא שיביא אותך למטרה.

14

אהבה טהורה הינה ויתור תמידי - ויתור על כל מה ששייך לך. אולם, מה באמת שייך לך? - רק האגו. אהבה מכלה בלהבותיה את כל הרעיונות, הדעות הקדומות והשיפוטיות שגובשו - כל אותם דברים הנובעים מהאגו.

15

היווכח כי אושר אין סופי קיים בתוכך. כשהאהבה שבך תבטא את עצמה בפעולות חיצוניות, אתה תחווה אושר אמיתי.

16

כאשר אתה מאושר, ליבך פתוח ואהבה אלוהית יכולה לזרום לתוכך. כאשר האהבה שוכנת בתוכך, תהיה רק מאושר. זהו מעגל, אושר מושך אהבה פנימה, והאהבה מאפשרת לך להיות מאושר.

17

אם נצלול מספיק עמוק לתוך תוכנו, נמצא שאותו חוט של אהבה אוניברסלית קושר את כל היצורים יחדיו. אהבה היא זו שמאחדת את הכל.

18

טיפה אחת של מים אינה יכולה להיקרא נהר, הנהר נוצר מטיפות רבות הזורמות יחד. זהו חיבורן של אינספור הטיפות היוצר את הזרימה. יחדיו אנו כוח, כוח שאינו ניתן להבסה. כאשר אנו עובדים ביחד יד ביד, באהבה, זהו לא רק כוח חיות אחד כי אם אנרגית החיים של הכל הזורמת בהרמוניה, ללא הפרעה. מזרם תמידי זה של אחדות, נראה את לידת השלום.

19

כל אימת שקושי מגיע לחייך, זה טוב להזכיר לעצמך, 'איני מצפה לאהבה מהאחר, מפני שאיני צריך להיות נאהב על ידי אחרים. אני האהבה עצמה. אני מקור אהבה אין סופי, שתמיד יעניק אהבה, ורק אהבה, לכל מי שנקרא בדרכי'.

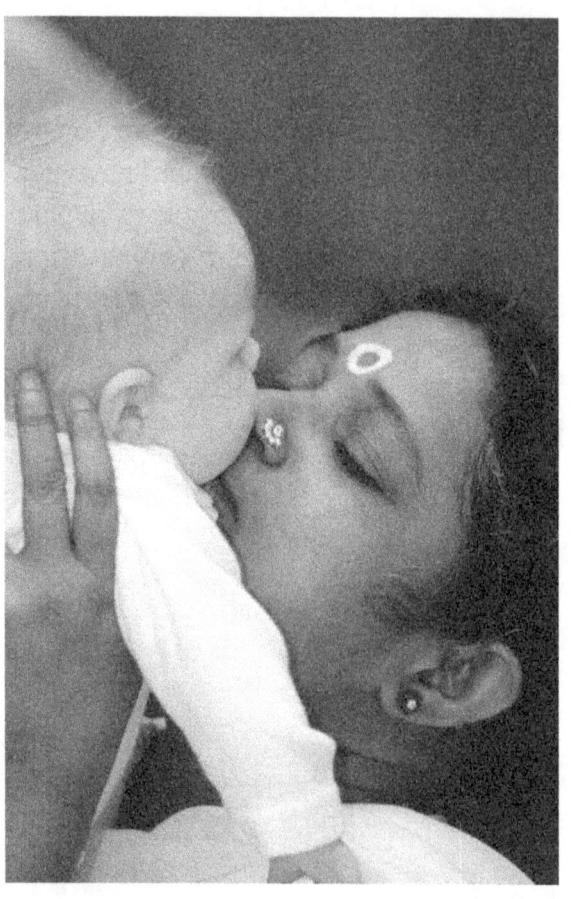

20

אהבת אמיתית אינה ניתנת לדחייה. ניתן רק לקבלה בלב פתוח. כאשר ילד מחייך, בין אם זהו ילדו של חברך או של זה, אינך יכול אלא לחייך בחזרה כיוון שאהבת הילד היא כה תמה וטהורה. אהבה טהורה היא כמו פרח יפהפה שלא ניתן לעמוד בפני ניחוחו.

21

כוחה של אהבה טהורה הינה אינסופית. באהבת אמת, אתה נע מעבר לגוף, המיינד והפחדים כולם. אהבה היא נשימת הנשמה. כוח החיות שלנו. אהבה תמה וטהורה גורמת לכך שהכל יהיה אפשרי. כאשר ליבך מלא באנרגית אהבה טהורה, אפילו המשימה הכי בלתי אפשרית הופכת להיות קלה כקטיפת פרח.

22

ככול שתיתן יותר אהבה, יותר אלוהות תבוטא בך. כפי שמים ממעין נובע לעולם אינם יבשים, לא משנה כמה נשאב ממנו, ככול שננהג ברוחב לב רב, כך הוא יגבר.

23

חיים ואהבה אינם שניים, הם אינם נפרדים כמו מילה ופירושה. אנו נולדים באהבה, חיים את החיים באהבה ולבסוף מתמזגים באהבה. האמת היא: אין סוף לאהבה. רק באמצעות אהבה החיים יכולים לפרוח ולהתקדם. אהבה הינה טבענו המולד, לא תוכל להתקיים תופעה, מכל סוג שהוא, ללא כוח זה מאחוריה.

24

אהבה יכולה להשיג כל דבר. אין בעיה שאהבה אינה יכולה לפתור. היא יכולה לרפא חולי, להעניק מזור ללב פצוע ולהתמיר את המיינד. באמצעות אהבה ניתן להתגבר על כל מכשול. אהבה מסוגלת לעזור לנו לוותר על כל מתח פיזי, מנטלי ואינטלקטואלי ועל ידי כך להביא לשלום ושמחה. אהבה היא כמו נקטר האלים שמוסיפה יופי וקסם לחיים.

25

אהבה היא דת אוניברסלית. היא מה שהחברה באמת צריכה. עליה להתבטא בכל מילותינו ומעשינו. אהבה וערכים רוחניים שהתקבלו מההורים הם הנכסים החזקים ביותר שילד צריך על מנת לעמוד בפני מגוון קשיי החיים הבוגרים.

26

במערכת יחסים מושלמת בין האנושות לטבע, שדה אנרגיה מעגלי נוצר ובו שניהם מתחילים לזרום האחד לתוך השני. כאשר אנו בני האדם נתאהב באמא טבע, אמא טבע תתאהב בנו. היא תחדל מלהחביא דברים מאיתנו. היא תפתח את אוצרותיה האין סופים ותאפשר לנו להנות מעושרה. כמו אם, היא תגן, תזין ותטפח אותנו.

27

כשאנו אוהבים זה את זה ללא כל ציפייה, אין צורך ללכת למקום כלשהוא בחיפוש אחר גן עדן. אהבה היא יסודם של חיים מאושרים. כפי שגופנו צריך אוכל מתאים על מנת לחיות ולגדול, כך נשמתנו מוזנת על ידי אהבה.

28

באמצעות כעס לא ניתן לשנות את טבעו של האחר. רק אהבה יכולה לשנותם. הבן זאת ונסה להיות בעל סימפטיה ואהבה לכולם. גלה חמלה גם כלפי אלו המרגיזים אותך. נסה להתפלל למענם. גישה זו תסייע למיינד שלך להישאר שליו ורגוע. כשמישהו משתנה לטובה, דפוס ה"פעולה-תגובה" פוחת, והלב פתוח יותר לתכונות חיוביות כסליחה, סובלנות והרמוניה.

29

על ידי נתינה ללא תמורה פרח החיים הופך יפהפה ובעל ניחוח. כשהפרח פורח, ניחוחו המתוק מופץ לכל עבר. ובדומה לכך, כשאהבה ללא תמורה מתעוררת בתוכנו, היא זורמת לעולם כנהה.

30

בתוכך, ישנו מעיין בלתי נדלה של אהבה. התחבר למקור זה בצורה הנכונה, ואנרגיה אלוהית של אהבה תמלא את ליבך בהתרחבות אין סופית. אינך יכול לגרום לזה לקרות, אתה יכול רק ליצור את הגישה הנכונה בתוכך והדבר יקרה בטבעיות.

31

אהבת אמת שוכנת בלב, לא ניתן לבטא אהבה זו בדיבור או לבטאה במילים. מילים שייכות לאינטלקט. לך מעבר לשפה ולמילים אל תוך הלב. כאשר מישהו באמת אוהב, האינטלקט מתרוקן, המחשבה פוסקת - אין מחשבות, אין מיינד, כלום. רק אהבה נשארת.

32

אהבה ויופי הנם בתוכך. נסה לבטאם דרך פעולותיך, ומובטח שתיגע במקור האושר עצמו.

33

עשה את עבודתך ובצע את חובותיך עם כל ליבך. נסה לעבוד עם אהבה וללא אנוכיות. כשאתה מקדיש את עצמך לכל מעשיך, תחוש ותחווה יופי ואהבה בכל פעולותיך.

34

מטרתה של הרוחניות היא להפוך את אהבתנו המוגבלת לאהבה אלוהית. לכן, הבה נתמקד במה שאנו יכולים לתת לאחר ולא במה שאנו יכולים לקחת לעצמנו. זה יביא לשינוי עצום בחיינו.

35

בין אם זו אהבה רוחנית או אהבה גשמית, אהבה הינה אהבה. ההבדל הוא רק בעומק ובמידה. אהבה רוחנית היא ללא גבולות ומגבלות. בעוד שאהבה גשמית הינה שטחית ומוגבלת. התעורר לידע 'אני העצמי העליון, אני בלתי מוגבל, ויש בתוכי פוטנציאל אין סופי'.

36

אם השמש קורנת באלפי כדים המלאים במים, ההשתקפויות הן רבות, אך כולן משקפות את אותה השמש. בדומה לכך, אם ניווכח לדעת מי אנו באמת, אנו נראה את עצמנו בכל האנשים. כשהבנה זו מתעוררת, אנו לומדים להתחשב באחרים, להעלים עין מחולשותיהם. על ידי כך, אהבה טהורה תזרח ותעלה מבפנים.

37

אהבה של אִמָהוּת שהתעוררה היא אהבה וחמלה המורגשת לא רק כלפי ילדיך שלך, אלא כלפי כל האנשים, החיות, הצמחים, הסלעים והנהרות - אהבה המתרחבת כלפי כל הטבע, לכל היצורים. כל אחד- גבר או אישה- מי שיש לו האומץ להתגבר על מוגבלות המיינד יוכל להגיע למצב של אימהות אוניברסלית.

38

אהבה אינה יכולה להכיל שניים. היא מכילה רק אחד. בזיכרון קבוע ומסור של אהבה, 'אתה' ו'אני' מתמוסס ונעלם. רק אהבה נותרת. היקום כולו מוכל באהבה טהורה ושלמה זו. אהבה הינה אין סופית, דבר אינו נבדל ממנה.

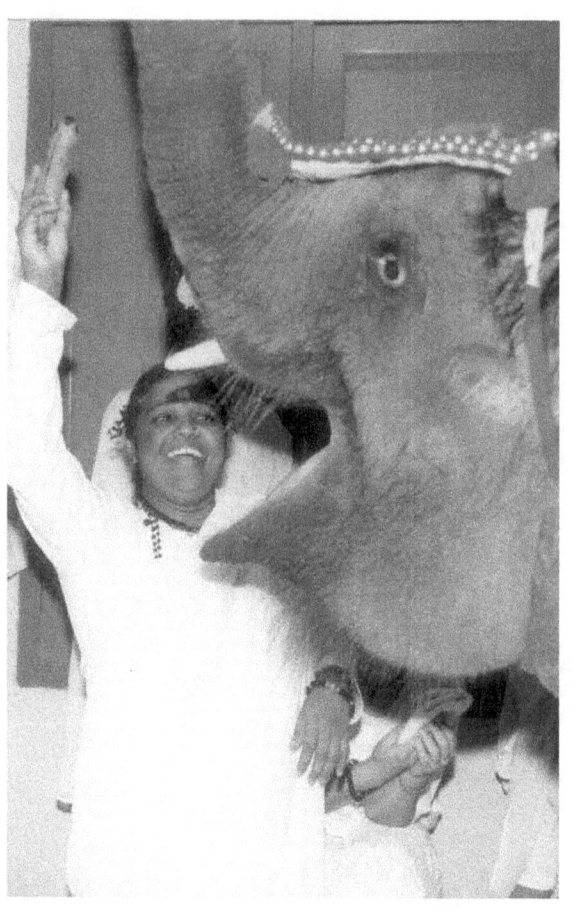

39

הקושי אינו להביע אהבה, אלא בויתור על האגו. אהבה הינה טבענו האמיתי. היא כבר נוכחת בתוכנו, אך אנו נבלמים על ידי גבולותינו האישיים. אנו צריכים לצמוח מעבר לאינדיבידואליות שלנו על מנת להתמזג באהבה אוניברסלית. האגו עומד בדרכה של האהבה. כאשר יוסר, נזרום כנהר.

40

ליבך הוא מקדשך האמיתי. שם אתה חייב להציב את אלוהים. מחשבות טובות הן הפרחים המוענקים, מעשים טובים הם הסגידה, מילים טובות הן המזמורים, אהבה היא המנחה האלוהית.

41

באהבה טהורה יש רעב שאינו יודע שובע. יש מי שיכול לראות ולחוות רעב אינטנסיבי זה גם באהבה גשמית, אך באהבה רוחנית האינטנסיביות מגיעה לשיאה. במחפש רוחני אמיתי, אהבה נהיית כמו יער העולה בלהבות, אך מכלה הרבה יותר. כל הוויותינו נשרפת באש האהבה. באש בוערת זו, אנו עצמנו נכלים ואז לגמרי מתאחדים עם האלוהי.

42

אהבה אינה משהו שניתן ללמדו ממשהו או ממקום כל שהוא, אבל בנוכחות מאסטר מושלם אנו חשים בה, ובבוא הזמן, נפתח אותה. זאת משום שסאטגורו (גורו אמיתי) יוצר את הנסיבות הנחוצות לאהבה לצמוח בתוכך. המצבים הנוצרים על ידי הגורו כה יפים ובלתי נשכחים שבאמת נוקיר רגעים יקרים אלו שלא יסולאו מפז. הם ישארו לנצח כזיכרון מתוק.

43

התקריות הנוצרות על ידי הגורו יגרמו לשרשרת זיכרונות מלהיבה שתיצור גלים גלים של אהבה בתוכנו, עד שלבסוף תהיה רק אהבה. ודרך נסיבות אלו הגורו יגנוב את ליבנו ונפשנו, ימלא אותנו באהבה טהורה ותמה.

44

ישנה 'אהבה' וישנה אהבה. אתה אוהב את משפחתך, אביך, אמך, אחותך, אחיך, בעלך, אשתך וכו': אבל אינך אוהב את שכנך. אתה אוהב את בנך ובתך, אבל אינך אוהב את הילדים כולם. אתה אוהב את דתך, אבל אינך אוהב את כל הדתות. כמו כן, יש לך אהבה למדינתך, אך אינך אוהב את כל המדינות. לפיכך, אין זוהי אהבה כי אם 'אהבה'. שינוי של 'אהבה' זו לאהבה היא מטרתה של הרוחניות.

45

אהבה פשוט עולה בפתאומיות בלב, ככמיהה לאחדות שהיא בלתי נמנעת ובלתי מופרעת. אף אחד לא חושב איך, מתי או איפה לאהוב. מחשבה הגיונית מעכבת את האהבה. אהבה היא מעבר להגיון, אז אל תנסה למצוא הגיון באהבה. זה כמו לנסות למצוא סיבה לנהר לזרום, לרוח להיות קרירה ונעימה, לירח לזרוח, לשמים להיות רחבים, לאוקינוס להיות עמוק ועצום, לפרח להיות בעל ניחוח ויופי. רציונליות הורגת את הקסם והיופי של דברים אלו. הם צריכים להיות מהנים, נחווים, נאהבים ומורגשים. אם תחפש בהם הגיון, תחמיץ את היופי והקסם בתחושה שהאהבה מעלה.

46

אין להמעיט באחריותה של אם. לאם יש השפעה עצומה על ילדיה. כשאנו רואים אינדיבידואל מאושר ושלו, ילדים שניחנו בתכונות אצילות ובמזג טוב, אנשים בעלי כוח עצום העומדים בפני כישלון או מצבים שליליים, אנשים בעלי הבנה רחבה, סימפטיה, אהבה וחמלה כלפי הסובלים ואלה שנותנים מעצמם לאחר: אנו נמצא בדרך כלל אם נהדרת שהיוותה להם השראה להיות כפי שהם.

47

לאימהות מסוגלות רבה יותר לזרוע את זרעי האהבה, האחווה האוניברסלית ואת הסבלנות במיינד שלנו. קיים קשר מיוחד בין אם לילד. תכונותיה הפנימיות של האם עוברות לילד אפילו באמצעות חלב האם. האם מבינה את ליבו של הילד, היא מרעיפה עליו את אהבתה, מלמדת אותו שיעורים חיוביים לחיים ומתקנת את טעויותיו.

48

מי יתן ועץ חיינו יושרש איתן באדמת האהבה. מי יתן ומעשים טובים יהוו את עלי העץ. מי יתן ומילים טובות יצרו את פרחיו, ושלום את פרותיו. הבה נצמח ונפרח כמשפחה אחת המאוחדת באהבה.

49

למצוא את העצמי האמיתי ולאהוב את כולם בצורה שווה הם אותו הדבר. רק כאשר תלמד לאהוב את כולם בצורה שווה חופש אמיתי יתגלה. עד אז הינך כבול, אתה העבד של האגו והמיינד.

50

כפי שהגוף זקוק למזון על מנת לשרוד ולגדול, הנשמה זקוקה לאהבה. אהבה משרישה כוח וחיות שאפילו חלב האם אינו יכול לספק. כולנו חיים למען אהבה אמיתית וכמהים אליה. אנו נולדים ומתים בחיפוש אחר אהבה זו. ילדים, אהבו זו את זה והתאחדו באהבה טהורה זו.

51

אף אחד לא אוהב את האחר יותר משהוא אוהב את עצמו. מאחורי האהבה של כל אחד קיים חיפוש אנוכי אחר שמחתו האישית. כשאנו לא מקבלים את השמחה שאנו מצפים לקבל מחבה, החבר הופך לאויב. זה מה שאנו רואים בעולם. רק אלוהים אוהב אותנו ללא אנוכיות. רק על ידי אהבת האלוהי נוכל ללמוד לאהוב ולשרת את האחר ללא אנוכיות.

52

אהבה טהורה היא התרופה הטובה ביותר לעולם המודרני. זה מה שחסר בכל חברה. שורש הבעיות כולן, מהאישי לגלובלי, הוא חסך באהבה. אהבה היא הגורם המקשר, הכוח המאחד את הכל. אהבה יוצרת תחושה של אחדות ושלמות בין אנשים, בעוד ששנאה ואגואיזם מייצרים הפרדה וחותכים את המיינד של האנשים לחתיכות. אהבה צריכה למלוך, אין בעיה שאהבה אינה יכולה לפתור.

53

על מנת לפתח אהבה צריך להיות במקום שבו ישנם תנאים מתאימים לאהבה לצמוח. לחיות בנוכחות מאסטר מושלם היא הדרך הטובה ביותר לפתח אהבה. הגורו עוזר לך על ידי יצירת מצבים הנחוצים על מנת למלא את ליבך באהבה. מצבים אלו אינם רק חיצוניים כי אם פנימיים. הגורו עובד ישירות עם הוואסנות (נטיות חבויות) של התלמיד, שעומדות כמכשול העיקרי בדרך לאהבה.

צמיחה אמיתית קיימת באיחוד הנולד מאהבה. החלב הזורם מחזה האם מזין את התינוק, מספק לגופו חוזק וחיות, ומאפשר לכל האברים לגדול בצורה בריאה ופרופורציונלית. אולם אין זה רק החלב הזורם מחזה האם. זהו החום, האהבה והחיבה של האם המתגלמים בצורת חלב. באופן דומה, אהבה היא ׳חלב אם׳ שעוזר לחברה לצמוח כשלמה. אהבה היא זו המספקת את הכוח והחיות הנחוצים אשר מאפשרים לחברה לגדול ללא הפרדה.

55

מאהטמות (נשמות גדולות) הינן הגשר המקשר אותנו לאלוהים, הן אינן דוחות דבר. הן כמו נהר, חובקות ומקבלות את כל הנקרה בדרכן. כאב ועונג הם כשני צידי הגדה של החיים. מאהטאמות מקבלות את שתי הגדות בשיויון וממשיכות הלאה. באותו הזמן, הן מעבר למחשבות ולרגשות. הן קשורות לכולם, אך אינן מוגבלות על ידי שום דבר. לב המלא באהבה ואמונה יצור בקלות קשר עימן.

56

כוחה של אמונה שלמה ואהבה תמה יכול לחדור לממלכות אליהן אינטלקט והגיון אינם יכולים להיכנס.

57

רק כאשר תבטא אהבה תוכל לחוש בה. אנו מקיימים אימונים רוחניים על מנת ללמוד איך לסלוח לאחרים על טעויותיהם וכיצד לאהוב אותם במקום לדחותם. כל אחד יכול לדחות, אבל לקבל את כולם זה הקושי. בעזרת האהבה אנו יכולים להוביל אחרים מדרך שגויה לדרך הנכונה, ואילו אם נתכחש למישהו בגלל טעויותיו, הוא ימשיך לטעות.

58

אנו אוהבים אחרים כיוון שהם מעניקים לנו אושר, או ממלאים את תשוקותינו, שומעים בקולנו, מכבדים אותנו או בעלי הערכה גבוהה כלפינו. אחרת, לא נאהב אותם. אם מישהו שונא אותנו, אהבה תוחלף בנקמה. זהו המצב אפילו עם הקרובים אלינו. אם הם לא שומעים בקולך או לא מכבדים אותך, לא תאהב אותם. היכן שישנה אהבת אמת, אין אנוכיות. אנו חייבים להיות מסוגלים לאהוב מבלי לצפות לדבר מאף אחד.

59

כשסלידה ועוינות אינם עוד - זוהי אהבה. כשכל הסלידה נעלמת מהמיינד, המיינד הופך לאהבה. הוא הופך להיות כמו סוכר: כל אחד יכול לבוא ולקחת, להנות מהמתיקות. בלי הצורך לתת דבר בתמורה. כאשר תוכל לאהוב ולשרת את האנושות, תהפוך להיות מזון עבור העולם.

60

ילדים, אהבה אלוהית היא טבענו האמיתי. היא זורחת בכל אחד ואחת מאיתנו. כשלבך מלא באהבה תמה, אתה נעדר: האגו נעדר. במצב זה רק האהבה נוכחת: האינדיבידואליות נעלמת, ואתה הופך לאחד עם האלוהי.

61

כאשר ילד מעניק דבר מה, לא ניתן לדחותו מפני שאהבתו של הילד היא טהורה וללא רבב. כאשר אתה שוכן באהבה תמה ואותנטית, אין רגשות מנוגדים כטוהר או טמאות, טוב או רע, וכדומה. יש רק אהבה. אהבה טהורה אינה ניתנת לדחייה.

62

אהבה רק זורמת. מי שמוכן לקפוץ ולצלול פנימה, יתקבל כפי שהוא. אין תנאים. אם אינך מוכן לקפוץ, מה האהבה יכולה לעשות? הזרם נשאר היכן שהינו. הוא אף פעם לא יאמר 'לא'. הוא תמיד יאמר 'כן, כן, כן.'

63

כאשר אתה נפתח, אתה תגלה כי השמש תמיד זורחת והרוח תמיד נושבת, נושאת עימה את ניחוחה המתוק של אהבה אלוהית. אין תנאים: אין שימוש בכוח. רק אפשר לדלת ליבך להיפתח ותיווכח שהיא מעולם לא הייתה נעולה. דלת זו תמיד הייתה פתוחה, אך בבורותך נראתה כנעולה.

64

אהבת אמת מתעוררת רק כאשר כל ההיקשרויות לאנשים, פרטים, חפצים ודברים בהם יש אינטרסים נשמטים. או אז הקרב הופך למשחק יפהפה של שירות, הנפרס לעבר כל בני האדם מתוך אהבה וחמלה. במאבק זה , האגו לא ילחם, כי אם האהבה תלחם לכלות את האגו ולהפכו לאהבה. צילו של הפחד נעלם רק באורה של האהבה.

65

בעידן זה של היגיון והבנה, עידן המדע, שכחנו את תחושות הלב. ביטוי שכיח בכל העולם הוא: 'I have fallen in love' אכן, כולנו נפלנו לתוך אהבה שבבסיסה אנוכיות וחומריות. איננו מסוגלים לקום ולהתעורר עם אהבה. אם אנו חייבים ליפול, אז שזה יהיה מהראש אל הלב. התעלה באהבה, 'Rising up in Love' זוהי רוחניות.

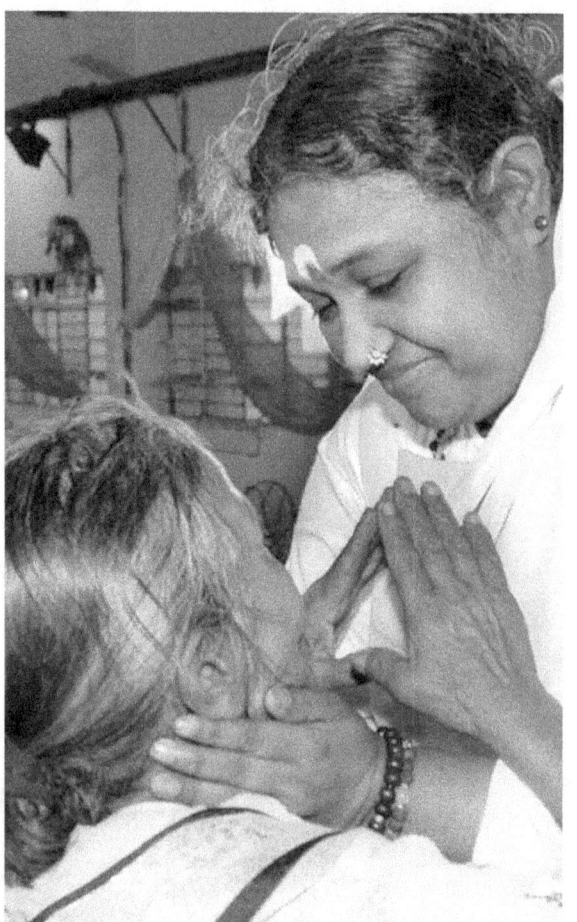

66

כשיש לנו אהבה כלפי משהו, זרם מחשבה בלתי פוסק זורם לכיוון מושא זה. מחשבתנו נתונה רק עליו. לפיכך, בשביל לאהוב באמת אנו זקוקים לריכוז ועל מנת להתרכז באמת, אנו צריכים לאהוב את אותו מושא, איזה שלא יהיה. אחד לא יכול להתקיים ללא השני. מדען העורך ניסויים במעבדה צריך ריכוז רב. מהיכן נובע ריכוז זה? הוא נובע מההתעניינות האינטנסיבית והעמוקה שהוא מגלה לנושא. מהיכן התעניינות עמוקה זו נובעת? היא תוצאה של אהבה אינטנסיבית שיש לו כלפי נושא או שדה ענין מסויים. אם תתרכז בנושא באינטנסיביות, אהבה לנושא תתפתח.

67

אנו צריכים לראות את טבע הדברים כפי שהם. טבעו של כל דבר, בין אם זהו חפץ או אנוש, לא יכול להיות שונה ממה שהינו. אם נבין זאת נוכל להיענות במקום להגיב. דרך כעס, אין אנו יכולים לשנות את טבעם של אחרים. רק אהבה יכולה לשנותם. הבן זאת ושא תפילה לטובתם עם סימפטיה ואהבה. נסה להיות בעל חמלה, גם כלפי אלו המעצבנים אותך. גישה זו תסייע למיינד שלך להישאר שליו ורגוע. זוהי היענות אמיתית.

מה שאינו טהור צריך להפוך להיות טהור. כל שאינו טהור יעלם וימס בחום הנובע מכאב הפירוד והכמיהה לאהבה אלוהית. סבל זה ידוע כ טאפאס Tapas. הַגוּפִיוֹת הזדהו לגמרי עם קרישנה דרך כאב זה. הצער שלהן היה כה עז ואינטנסיבי שזהותן נעלמה לגמרי, והן התמזגו עם אהובן קרישנה. חוסר טוהר נובע מהתחושה של 'אני' ו'שלי' שהם אגו. האגו אינו ניתן להשמדה אלא בשרפתו בכבשן האהבה.

69

אהבה אמיתית נחווית כאשר אין תנאים. כאשר אהבה נוכחת, דבר לא נעשה בכוח. שימוש בכוח נעשה רק כאשר אנו תופסים את האחרים כשונים מאיתנו. אהבה התלויה בדבר לא תוכל להתקיים כשישנה רק אחדות. הרעיון של כוח נעלם במצב זה. אתה פשוט הינך. אנרגיית החיים האוניברסלית זורמת דרכך כשאתה הופך פתוח. תן לתודעה העליונה לקחת פיקוד, להסיר מכשולים החוסמים את זרימתה, לאפשר לנהר חובק האהבה לזרום בשלו.

70

באהבה אותנטית אין היקשרות. עליך להתעלות מעבר לרגשות האנושיים הקטנוניים על מנת להשיג אהבה עליונה. במילים אחרות אהבה מפציעה רק כאשר חוסר היקשרות נוצר. אהבה כרוכה במידה עצומה של הקרבה עצמית . בזמנים מסוימים זה יגרום לכאב רב, אבל בשיאה של אהבה אותנטית תמיד מצוי אושר אינסופי.

71

באהבה טהורה אין נטל. דבר אינו כנטל כשיש אהבה ללא תשוקה. אהבה אמיתית יכולה לשאת את היקום כולו בלי לחוש כלל בכובד כל שהוא. חמלה יכולה לתת כתף לסבל של העולם כולו בלי לחוש ולו במעט כאב.

72

אלוהים הוא היחיד שבאמת אוהב אותנו ללא צפייה לתמורה. ילדים, אפילו אם כל היצורים בעולם כולו אוהבים אותנו, אין זה ניתן להשוואה ולו לשבריר האהבה הנחווית מאלוהים בכל שנייה. אין אהבה שניתן להשוותה לאהבת אלוהים.

73

בשלב הסופי של האהבה האוהב והאהוב הופכים אחד. אפילו מעבר לזה, מגיע מצב שאין בו אהבה, אוהב או אהוב. המצב המוחלט העליון של אהבה הוא מעבר לכל ביטוי. לשם בסופו של דבר המאסטר יקח אותך.

ניגון יפיפה העולה מן החליל אינו נמצא בחליל ואינו נמצא באצבעותיו של החלילן. תוכל להגיד שזה מגיע מליבו של היוצה, אך אם תפתח את ליבו ותתבונן, תיווכח שאין זה שם גם כן. מהו אם כך מקור המוזיקה הראשוני? המקור הוא מעבר : הוא נובע מהפארמאטמן (העצמי העליון) אך האגו לא יכול לזהות כוח זה. רק אם תלמד לפעול מהלב תוכל באמת לראות ולחוש את הכוח האלוהי בחייך.

75

פרח אינו צריך הוראות שימוש כיצד לפרוח. אף מורה מוזיקה לא לימד את הזמיר כיצד לשיר. זה ספונטני. כוח אינו מעורב, זה קורה בטבעיות. באופן דומה, בנוכחות מאסטר גדול, הניצן הסגור של ליבך נפתח. אתה הופך תם ופתוח כילד. המאסטר אינו מלמדך דבר, אתה לומד הכל ללא הוראות. נוכחותו, חייו עצמם, הם הלימוד הנפלא מכל. אין מעורבות של שליטה או כוח, הכל קורה בטבעיות וללא מאמץ. רק אהבה יכולה ליצור קסם זה.

76

רישי (צדיק) לעולם לא יוצר חלוקה בחייו. הדבר גורם לו להיות מסוגל לאהוב באמת מפני שהוא צלל לעומק המסתורין של העצמי, ללב ליבם של החיים והאהבה. הוא חווה חיים ואהבה בכל מקום. בשבילו אין דבר מלבד חיים ואהבה הקורנת בפאר ותהילה. לכן הוא 'מדען אמיתי'. הוא עורך ניסויים במעבדה הפנימית שבתוכו ותמיד שוכן במצב מאוחד של אהבה.

77

כשהתשוקות נעלמות, הסבל חולף. אנו חייבים להיות מסוגלים לאהוב את כולם ללא צפייה לדבר בתמורה. לא קל לאהוב את כולם אבל עלינו לפחות לנסות לא לכעוס על אנשים אחרים או לפגוע בהם. אפשר להתחיל משלב זה. דמיין שכל איש שנשלח אליך, נשלח על ידי אלוהים, ותוכל להיות נחמד ואוהב כלפי כולם.

78

אדם רוחני צריך להפוך להיות כמו הרוח. לחוש באחדות החיים מרחיבה את המיינד, מרחיבה את הלב ומפיצה אהבה כלפי הבריאה כולה. הדרישה הראשונה, הבאה יחד עם לזכור את אלוהים היא לאהוב את כולם ואת הכל, החי והדומם גם יחד. אם יש לנו את גדולת הלב הזו, השחרור איננו רחוק.

79

אהבה טהורה היא מעבר לגוף. היא בין לבבות. אין לזה שום קשר לגוף. כשיש אהבת אמת, אין מחסומים או הגבלות. אפילו שהשמש רחוקה מאוד, פרח הלוטוס עדין פורח בזיוה. באהבת אמת מרחק אינו קיים.

80

אהבה היא השפה היחידה שכל יצור חי יכול להבין. זוהי שפה אוניברסלית. שלום ואהבה זהים עבור כולם. כדבש, האהבה תמיד מתוקה. היה כדבורת דבש האוספת את צוף האהבה בכל הנקרא בדרכה. חפש את הטוב שבכל אחד ושבכל דבר.

81

ישנם שלושה ביטויים של אהבה המעירים אותנו מבפנים: אהבה לעצמי, אהבה לאלוהים ואהבה ליקום כולו. באהבה עצמית אין הכוונה להיות אנוכי, או לאהוב את האגו. הכוונה לאהוב את החיים, לראות את ההצלחות והכשלונות שבחיינו כברכה מאלוהים, תוך כדי אהבת הכוח האלוהי הטבוע בנו. כוח זה צומח להיות אהבה כלפי אלוהים. אם שני מרכיבים אלו נוכחים, אזי המרכיב השלישי, אהבה ליקום כולו, יבוא לידי ביטוי באופן טבעי.

82

הלב לבדו מספיק כדאי להדריך את האדם, אך הלב נשכח. במציאות, לאהבה אין צורה. רק כאשר אהבה זורמת בצורה בלתי פוסקת דרך האדם היא מקבלת צורה שאנו יכולים לחוות, אחרת אין הדבר אפשרי. כאשר ליבו של אדם מלא באהבה ובחמלה, ליבך יפתח באופן ספונטני כפרח מלבלב. הניצן הסגור של ליבך נפתח בנוכחות האהבה.

83

אי אפשר לאהוב בכוח. אהבה הינה נוכחות של תודעה טהורה, נוכחות זו לא יכולה להיכפות. היא פשוט היא. האנרגיה של אהבה טהורה נמצאת בתוכך, צריך רק לעורר אותה.

84

הרוח של האהבה הגשמית תמיד משתנה. הקצב שלה עולה ויורד, בא והולך. ההתחלה תמיד יפה ומרגשת, אך אט אט היופי והריגוש פוחתים עד לסוף השיטחי. ברוב המקרים אהבה גשמית מסתיימת בכעס, שנאה, וצער עמוק. בניגוד לכך אהבה רוחנית היא עמוקה כבור ללא תחתית, עומקה ורוחבה אינם ניתנים למדידה.

85

אהבה רוחנית שונה מאהבה גשמית. ההתחלה יפה ושלווה. זמן קצר לאחר התחלה שלווה זו מתחילים יסורים של כמיהה. בשלב האמצע היסורים יגברו יותר יותר ויהפכו לבלתי נסבלים. לאחר מכן יגיע כאב תופת, כאב זה של כמיהה ישאר עד לפני השגת איחוד עם האהוב. איחוד זה יפה יותר מתחילתה של האהבה באופן שלא ניתן לבטא במילים. אהבה מסוג זה לעולם אינה מתייבשת או פוחתת. אהבה רוחנית היא תמיד בעלת חיות, פנימית וחיצונית, היא תמידית, בכל רגע אתה חי באהבה.

86

האהבה תבלע אותך, היא תאכל אותך לגמרי עד שלא יהיה יותר 'אני' או 'אתה' ותישאר רק אהבה. כל ישותך תהפוך לאהבה. אהבה רוחנית שיאה באיחוד, באחדות.

87

אלוהים שוכן עמוק בליבנו כאהבה תמה וטהורה. אנו צריכים ללמוד לאהוב את כולם בצורה שווה ולבטא אהבה זו כיוון שבמהותנו כולנו אחד , אטמן (עצמי עליון) אחד, נשמה אחת. אהבה היא פניו של אלוהים.

88

מהות האִמָהוּת אינה מוגבלת לנשים שילדו, זהו עיקרון הטבוע גם בנשים וגם בגברים. זוהי גישה של המיינד. זוהי אהבה - אהבה זו היא נשמת החיים. כאשר חוש האימהות האוניברסלית יתעורר בנו, אהבה וחמלה כלפי הכל יהיו חלק מקיומנו בדיוק כמו הנשימה.

89

אהבה מקיימת את הכל. אם נחדור לעומק כל הבט ותחום בחיים, אנו נמצא שמתחת לכל חבוייה אהבה. נגלה כי אהבה הינה הכוח, האנרגיה וההשראה מאחורי כל מילה ופעולה.

90

כאשר תלמד לאהוב את כולם בצורה שווה, חופש אמיתי יווצר. ללא אהבה לא יתקיים חופש , וללא חופש לא תתקיים אהבה. חופש ניצחי יכול לקרות רק כאשר כל השליליות שבנו נעקרה מן השורש. במצב זה של אהבה המקיפה אותנו לחלוטין, יופיו וניחוחו של פרח החופש ואושר עילאי יכול לפרוש את עלי כותרתו ולפרוח.

91

כאשר אהבה הופכת למעודנת יותר היא נהיית עוצמתית יותר. בעת שהיא נעה עמוק יותר לתוככי הלב, אתה תגלה כי אתה נישא באהבה. לבסוף תגיע למצב של הזדהות מושלמת עם מושא האהבה בו תיווכח כי אינכם נפרדים. אז אתם הופכים אחד. זהו השלב המוחלט והגבוה ביותר באהבת אמת. לשם אהבה צריכה לשאת אותנו.

92

כולנו התגלמות של אהבה עליונה. ניתן לדמות אהבה לסולם. רוב האנשים נותרים בשלב התחתון. אל תשאר שם. המשך לטפס, צעד אחר צעד. עלה מהשלב הנמוך ביותר לגבוה ביותר, ממדרגת הרגש למצב הקיום הנעלה ביותר, לצורה הטהורה ביותר של האהבה.

93

אהבת אמת היא צורת האנרגיה הטהורה ביותר. במצב זה, אהבה אינה רגש, היא זרם מתמיד של מודעות אמיתית ועוצמה בלתי מוגבלת. ניתן להשוות אהבה שכזו לנשימתנו. לעולם אינך אומר: 'אנשום רק בפני המשפחה שלי ומקורביי, לעולם לא בנוכחות אויבי או אלה שאני שונא' -לא. היכן שלא תהיה ומה שלא תעשה, הנשימה קורת בפני עצמה. בדומה לכך אהבת אמת ניתנת לכולם ללא הבחנה, ללא צפייה לתמורה כל שהיא. עליך להפוך לנותן, לא ללוקח.

94

זוהי הדאגה והסבלנות שאנו מראים בדברים הקטנים שמובילה אותנו להישגים גדולים. אם יש בך סבלנות, אזי תהיה בך גם אהבה. סבלנות מובילה לאהבה. אם תפתח בכוח את עלי הכותרת של פרח שטרם לבלב, לא תוכל להנות מתפארתו וריחו המתוק. רק כאשר יפרח בטבעיות, חיותו וניחוחו יתגלו. בדומה לכך אתה צריך להיות בעל סבלנות כדי להנות מיופים של החיים.

95

העגילים, הצמידים, הנזם והשרשרת - במהותם כולם זהב, רק מראם החיצוני שונה. בדומה לכך, זוהי אלוהות אחת הנוכחת בכל ומופיעה בשלל שמות וצורות. כאשר אנו באמת מבינים אמת זו, הדבר משתקף במחשבותינו, מילותינו ופעולותינו כאהבה, חמלה וחוסר אנוכיות.

96

הושטת עזרה מבלי לצפות לדבר בתמורה היא שירות אמיתי. זהו הכוח שמשמר את העולם. לאהוב ולשרת עם מסירות ניתן להשוות למעגל, אין בו התחלה ואין סוף, כפי שבאהבה אין התחלה ואין סוף. באמצעות שירות חסר אנוכיות, נוכל לבנות גשר של אהבה שיאחד את כולנו יחדיו.

97

אין עבודה שהיא חסרת משמעות או חסרת חשיבות. מידת האהבה והמודעות שאתה משקיע בעבודתך היא שגורמת לה להיות משמעותית ויפה. חסד זורם כלפי עבודה שבוצעה בענווה. והענווה ממלאת אותה במתיקות.

98

כמו אהבה, כניעה לא ניתן ללמוד או לשנן מספרים, מאדם מסוים או מאוניברסיטה. כניעה מגיעה ככל שאהבה גדלה. למעשה שתיהן גדלות זו לצד זו. בסופו של דבר, עלינו להיכנע לאני האמיתי שלנו, אך כניעה מצריכה אומץ רב. אנו זקוקים לגישה בעלת תעוזה על מנת להקריב את האגו שלנו. זה מצריך מאתנו לברך ולקבל את הכל ללא כל רגש של צער או אכזבה.

99

האינטלקט והלב צריכים להתחבר יחדיו כגוף אחד.
או אז חסד אלוהי יזרום לתוכנו ויעניק סיפוק לחיינו.

100

אנו זקוקים לאהבה לאלוהים על מנת להתקדם בדרך הרוחנית. אהבה לאלוהים אינה רק אהבה המופנית כלפי אדם, דמות או אל. זוהי ההתחלה. אהבה אמיתית לאלוהים היא לאהוב כל היבט והיבט בבריאה, לראות את האלוהות בכל אחד ובכל דבר.

101

אם תתבונן בנפח בעת מלאכתו, הוא יחמם ויתיך מוט ברזל ואז יכה בו בפטיש על מנת ליצור את הצורה שבה הוא חפץ. בדיוק כפי שעל מוט הברזל להיות מותך מספיק, תן לגורו להתיך את ליבך באהבה ואז לעצב את צורתו באמצעות פטיש הידע.

102

רק אלו שקבלו אהבה יכולים להעניק אהבה. ליבם של אלו שמעולם לא חוו אהבה ישאר סגור תמיד. הם לא יכלו לקבל או לתת אהבה. מאוד חשוב כהורים להעניק אהבה לילדים.

103

זה שמסוגל לאהוב את כולם בצורה שווה הוא זה שבאמת אוהב את אמה.

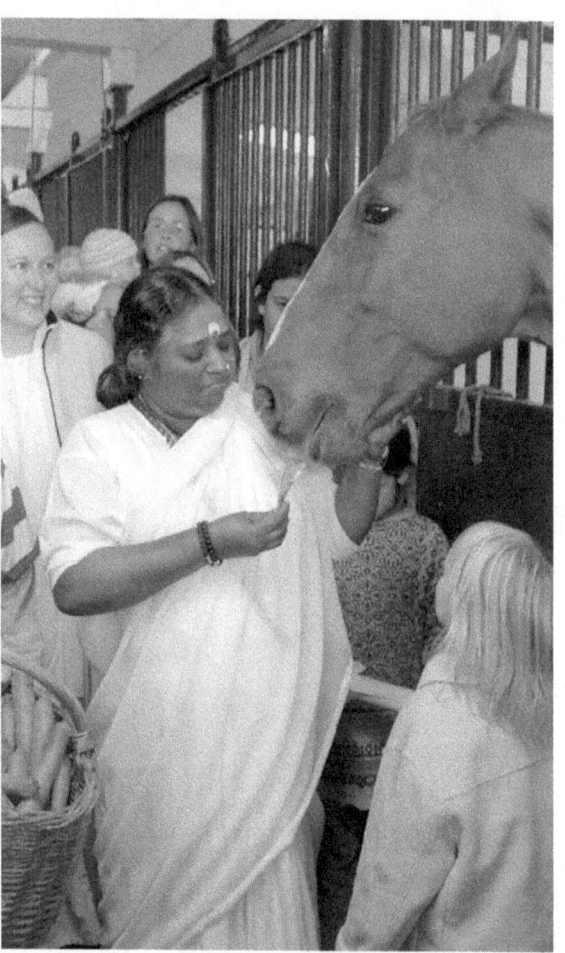

104

כאשר נבין כמה חסרות ערך הן ההיצמדויות שלנו לעולם, וכמה נשגבת אהבת האל, נוכל לוותר עליהן, זאת בדיוק כפי שהפרחים על העץ קמלים על מנת לתת מקום לעץ להניב פרי. כאשר הפרי מתחיל לגדול, הפרחים נושרים באופן מידי.

105

האהבה שאתה חווה היא באופן יחסי לאהבה שאתה נותן.

106

ילדים, כל האהבה שהעולם מציע בסופו של דבר תוביל לצער. אין בעולם אהבה ללא תנאים. אנו מאמינים כי נהיה מאושרים מאהבתם של אחרים, אך אהבה איננה בתוך חפץ. היא מגיעה מתוכנו. אושר אמיתי ושלווה נצחית נובעים רק מאהבה אלוהית, וזו מגיעה רק כאשר אנו רואים את שלמותה של הבריאה.

107

ניתן לשבור את האגו רק באמצעות כאב האהבה. בדיוק כפי שנביטה יכולה להתגלות רק כאשר הקליפה החיצונית של הזרע נבקעת, כך גם העצמי נגלה כאשר האגו נפרץ ונעלם. כאשר נוצרת אווירה מעודדת, העץ הפוטנציאלי החבוי בזרע מתחיל לחוש באי הנוחות שבהיותו כלוא בקליפה. הוא משתוקק לצאת אל האור ולהיות חופשי. זהו הדחף העצום של העץ הרדום בפנים שבוקע את הקליפה. ישנו כאב המעורב בשבירה זו, אך כאב זה מתגמד ביחס לתפארתו של העץ הנגלה. ברגע שהנבט מגיח, הקליפה הופכת חסרת חשיבות. בדומה לכך, כשמושגת ההכרה העצמית, האגו מאבד את כל חשיבותו.

108

אהבה טהורה, ללא אנוכיות וללא רבב היא הגשר לעבר אלוהים.